50 Recetas Definitivas para el Libro de Cocina de BBQ

Por: Kelly Johnson

Table of Contents

- Costillas a la barbacoa
- Pollo a la parrilla con salsa BBQ
- Hamburguesas clásicas a la parrilla
- Brochetas de cerdo a la BBQ
- Alitas de pollo glaseadas
- Chuletas de cerdo a la BBQ
- Costillas de res ahumadas
- Mazorcas de maíz a la parrilla
- Salchichas a la parrilla
- Pescado a la BBQ con limón
- Ensalada de col estilo BBQ
- Papas asadas con especias BBQ
- Camarones a la parrilla con ajo
- Hamburguesa de pavo BBQ
- Costillas de cordero a la parrilla
- Pulled pork (cerdo desmenuzado)
- Alitas picantes BBQ

- Pinchos de verduras a la parrilla
- Salmón ahumado con glaseado BBQ
- Sándwich de cerdo desmenuzado
- Chorizo a la parrilla
- Bistec a la parrilla con salsa BBQ
- Ensalada de papa BBQ
- Pollo marinado en especias BBQ
- Costillas glaseadas con miel
- Albóndigas BBQ
- Pavo a la parrilla con salsa BBQ
- Champiñones rellenos a la parrilla
- Pan de ajo a la parrilla
- Hamburguesas vegetarianas BBQ
- Lomo de cerdo a la parrilla
- Costillas de cerdo con salsa de chipotle
- Ensalada de maíz a la parrilla
- Camarones con salsa picante BBQ
- Pimientos rellenos a la parrilla
- Tocino envuelto en carne a la BBQ

- Pescado empanizado a la parrilla
- Pollo al limón a la parrilla
- Costillas de cerdo con salsa barbacoa casera
- Salchichas con cebolla caramelizada a la parrilla
- Brochetas mixtas de carne y verduras
- Ensalada de frijoles BBQ
- Costillas glaseadas con bourbon
- Hamburguesa doble con queso y BBQ
- Pechuga de pollo rellena a la parrilla
- Mazorcas de maíz con mantequilla BBQ
- Chuletas de cerdo a la parrilla con romero
- Alitas de pollo estilo búfalo BBQ
- Camarones con salsa de mango BBQ
- Ensalada fresca de tomate y maíz a la parrilla

Costillas a la barbacoa

Ingredientes:

- 1 kg de costillas de cerdo
- Sal y pimienta al gusto
- 1 taza de salsa barbacoa (BBQ)
- 1 cucharadita de ajo en polvo
- 1 cucharadita de paprika (pimentón dulce)

Instrucciones:

1. Precalienta el horno o la parrilla a temperatura media.
2. Sazona las costillas con sal, pimienta, ajo en polvo y paprika.
3. Colócalas en una bandeja o directamente sobre la parrilla.
4. Cocina durante 1.5 a 2 horas, volteándolas ocasionalmente.
5. Durante los últimos 30 minutos, úntalas con la salsa BBQ por ambos lados.
6. Sirve calientes, acompañadas de ensalada o papas.

Pollo a la parrilla con salsa BBQ

Ingredientes:

- 4 muslos o pechugas de pollo
- Sal y pimienta al gusto
- 1 taza de salsa BBQ
- Jugo de medio limón (opcional)

Instrucciones:

1. Sazona el pollo con sal, pimienta y jugo de limón si lo deseas.
2. Precalienta la parrilla a fuego medio-alto.
3. Asa el pollo durante 20–30 minutos, volteándolo para que se cocine parejo.
4. Pincela la salsa BBQ durante los últimos 10 minutos de cocción.
5. Retira del fuego y deja reposar unos minutos antes de servir.

Hamburguesas clásicas a la parrilla

Ingredientes:

- 500 g de carne molida de res
- Sal y pimienta al gusto
- 4 panes de hamburguesa
- Queso, lechuga, tomate, cebolla, pepinillos (opcional)
- Salsa ketchup, mostaza o mayonesa

Instrucciones:

1. Forma 4 hamburguesas con la carne molida y sazónalas con sal y pimienta.
2. Precalienta la parrilla a fuego medio-alto.
3. Cocina las hamburguesas de 4 a 5 minutos por lado o hasta el punto deseado.
4. Coloca una rebanada de queso encima y deja que se derrita (opcional).
5. Tuesta ligeramente los panes.
6. Arma las hamburguesas con los ingredientes que prefieras y sirve.

Brochetas de cerdo a la BBQ

Ingredientes:

- 500 g de carne de cerdo en cubos
- 1 pimiento rojo y 1 verde, cortados en trozos
- 1 cebolla, cortada en cuadros
- 1 taza de salsa BBQ
- Sal, pimienta y ajo en polvo al gusto
- Palitos para brochetas (remojados en agua si son de madera)

Instrucciones:

1. Marina los cubos de cerdo con la salsa BBQ, sal, pimienta y ajo en polvo por al menos 30 minutos.
2. Inserta la carne, pimientos y cebolla en los palitos de brocheta, alternando ingredientes.
3. Asa las brochetas en la parrilla caliente por 10–15 minutos, volteándolas para que se cocinen de forma pareja.
4. Unta más salsa BBQ durante la cocción si lo deseas.
5. Sirve caliente con arroz o ensalada.

Alitas de pollo glaseadas

Ingredientes:

- 1 kg de alitas de pollo
- Sal, pimienta y ajo en polvo al gusto
- ½ taza de miel
- ½ taza de salsa BBQ
- 2 cucharadas de salsa de soya

Instrucciones:

1. Precalienta el horno o parrilla a temperatura media-alta.
2. Sazona las alitas con sal, pimienta y ajo en polvo.
3. En un tazón, mezcla la miel, la salsa BBQ y la salsa de soya.
4. Cocina las alitas durante 30–40 minutos, bañándolas con el glaseado durante la cocción.
5. Sirve calientes, con más salsa si lo deseas.

Chuletas de cerdo a la BBQ

Ingredientes:

- 4 chuletas de cerdo
- Sal, pimienta y paprika al gusto
- 1 taza de salsa BBQ

Instrucciones:

1. Sazona las chuletas con sal, pimienta y paprika.
2. Cocina en la parrilla caliente por 6–8 minutos por lado.
3. Durante los últimos minutos, pincela con salsa BBQ.
4. Deja reposar 5 minutos antes de servir.

Costillas de res ahumadas

Ingredientes:

- 1 kg de costillas de res
- Sal gruesa, pimienta negra y ajo en polvo
- Madera para ahumar (roble, nogal o manzano)
- Salsa BBQ (opcional)

Instrucciones:

1. Sazona generosamente las costillas con sal, pimienta y ajo.
2. Coloca en un ahumador o parrilla con tapa, a baja temperatura (120–130°C).
3. Ahúmalas por 4–6 horas, añadiendo madera según sea necesario.
4. Opcionalmente, barniza con salsa BBQ en la última hora.
5. Deja reposar antes de cortar y servir.

Mazorcas de maíz a la parrilla

Ingredientes:

- 4 mazorcas de maíz
- Mantequilla derretida
- Sal al gusto
- Paprika o chile en polvo (opcional)

Instrucciones:

1. Retira las hojas del maíz o déjalas a medias si deseas un estilo rústico.
2. Unta con mantequilla y espolvorea con sal (y paprika si lo deseas).
3. Asa en la parrilla caliente durante 10–15 minutos, girando ocasionalmente.
4. Sirve con más mantequilla si lo prefieres.

Salchichas a la parrilla

Ingredientes:

- 6 salchichas (tipo bratwurst, chorizo o frankfurter)
- Panes para hot dog (opcional)
- Mostaza, ketchup, cebolla, etc.

Instrucciones:

1. Asa las salchichas a fuego medio durante 10–12 minutos, girando para que se cocinen de manera uniforme.
2. Sirve en pan o solas, con tus condimentos favoritos.

Pescado a la BBQ con limón

Ingredientes:

- 2 filetes de pescado (tilapia, dorado o salmón)
- Jugo de 1 limón
- Sal, pimienta y ajo en polvo
- Aceite de oliva
- Rodajas de limón para decorar

Instrucciones:

1. Sazona el pescado con sal, pimienta, ajo y jugo de limón.
2. Unta con un poco de aceite.
3. Asa en una bandeja de parrilla o sobre papel aluminio durante 6–8 minutos por lado.
4. Sirve con rodajas de limón.

Ensalada de col estilo BBQ

Ingredientes:

- 2 tazas de repollo rallado
- 1 zanahoria rallada
- ½ taza de mayonesa
- 1 cucharada de vinagre de manzana
- 1 cucharadita de azúcar
- Sal y pimienta al gusto

Instrucciones:

1. Mezcla el repollo y la zanahoria en un tazón.
2. Agrega la mayonesa, el vinagre, el azúcar, sal y pimienta.
3. Refrigera por 30 minutos antes de servir.

Papas asadas con especias BBQ

Ingredientes:

- 4 papas medianas cortadas en cubos
- 2 cucharadas de aceite de oliva
- 1 cucharadita de paprika
- 1 cucharadita de ajo en polvo
- Sal y pimienta al gusto

Instrucciones:

1. Mezcla las papas con el aceite y las especias.
2. Asa en una bandeja sobre la parrilla o en horno a 200°C durante 30–40 minutos, hasta que estén doradas y crujientes.
3. Sirve como acompañamiento.

Camarones a la parrilla con ajo

Ingredientes:

- 500 g de camarones pelados y desvenados
- 3 dientes de ajo picados
- 2 cucharadas de aceite de oliva
- Jugo de 1 limón
- Sal, pimienta y perejil al gusto

Instrucciones:

1. Marina los camarones con ajo, aceite, jugo de limón, sal y pimienta durante 20 minutos.
2. Asa en la parrilla caliente durante 2–3 minutos por lado.
3. Espolvorea con perejil picado y sirve inmediatamente.

Hamburguesa de pavo BBQ

Ingredientes:

- 500 g de carne molida de pavo
- ½ cebolla picada
- Sal, pimienta y ajo en polvo
- Panes de hamburguesa
- Lechuga, tomate, cebolla morada (opcional)
- Salsa BBQ

Instrucciones:

1. Mezcla la carne de pavo con cebolla, sal, pimienta y ajo. Forma 4 hamburguesas.
2. Asa de 4 a 5 minutos por lado o hasta que estén bien cocidas.
3. Tuesta ligeramente los panes.
4. Arma las hamburguesas con salsa BBQ y tus ingredientes favoritos.

Costillas de cordero a la parrilla

Ingredientes:

- 1 kg de costillas de cordero
- Sal, pimienta, romero y ajo al gusto
- 2 cucharadas de aceite de oliva
- Jugo de medio limón

Instrucciones:

1. Sazona las costillas con sal, pimienta, romero, ajo y jugo de limón.
2. Asa a fuego medio-alto durante 3–4 minutos por lado, o al término deseado.
3. Deja reposar 5 minutos antes de servir.

Pulled Pork (cerdo desmenuzado)

Ingredientes:

- 1.5 kg de paleta de cerdo
- 1 cucharada de sal y pimienta
- 1 cucharada de paprika
- 1 cebolla picada
- 1 taza de salsa BBQ
- Pan para servir (opcional)

Instrucciones:

1. Frota la carne con sal, pimienta y paprika.
2. Cocina en olla lenta por 8 horas (o al horno cubierto a baja temperatura).
3. Desmenuza la carne con tenedores y mézclala con salsa BBQ.
4. Sirve en plato o como sándwich.

Alitas picantes BBQ

Ingredientes:

- 1 kg de alitas de pollo
- Sal, pimienta y ajo en polvo
- ½ taza de salsa BBQ
- 2 cucharadas de salsa picante (tipo Tabasco o Sriracha)

Instrucciones:

1. Precalienta el horno o parrilla.
2. Sazona las alitas y cocínalas durante 35–40 minutos.
3. Mezcla la salsa BBQ con la salsa picante.
4. Baña las alitas en la salsa caliente y sirve.

Pinchos de verduras a la parrilla

Ingredientes:

- 1 calabacín, 1 pimiento rojo, 1 cebolla, 1 champiñón por brocheta
- Aceite de oliva
- Sal, pimienta, orégano

Instrucciones:

1. Corta las verduras en trozos grandes y ensártalas en palillos.
2. Unta con aceite de oliva y espolvorea las especias.
3. Asa durante 10–12 minutos, girando para que se cocinen parejo.
4. Sirve como plato principal o acompañamiento.

Salmón ahumado con glaseado BBQ

Ingredientes:

- 2 filetes de salmón
- ¼ taza de salsa BBQ
- 1 cucharada de miel
- 1 cucharadita de salsa de soya
- Sal y pimienta

Instrucciones:

1. Mezcla la salsa BBQ, miel y soya.
2. Sazona el salmón y pincela con el glaseado.
3. Cocina en una parrilla o ahumador durante 10-12 minutos.
4. Vuelve a barnizar antes de servir.

Sándwich de cerdo desmenuzado

Ingredientes:

- Pulled pork (ver receta anterior)
- Pan de hamburguesa o bollo
- Ensalada de col (opcional)
- Salsa BBQ adicional

Instrucciones:

1. Coloca una porción de cerdo desmenuzado en el pan.
2. Agrega ensalada de col y más salsa BBQ si deseas.
3. Sirve caliente.

Chorizo a la parrilla

Ingredientes:

- 6 chorizos
- Pan (opcional)
- Chimichurri o salsa BBQ para acompañar

Instrucciones:

1. Asa los chorizos a fuego medio durante 15–20 minutos, girándolos.
2. Sirve enteros o en pan con tu salsa preferida.

Bistec a la parrilla con salsa BBQ

Ingredientes:

- 2 bistecs (ribeye, arrachera o corte a elección)
- Sal, pimienta y ajo en polvo
- ½ taza de salsa BBQ

Instrucciones:

1. Sazona los bistecs con sal, pimienta y ajo.
2. Asa a fuego alto durante 3–5 minutos por lado, según el término deseado.
3. Barniza con salsa BBQ durante el último minuto de cocción.
4. Deja reposar unos minutos antes de servir.

Ensalada de papa BBQ

Ingredientes:

- 4 papas medianas cocidas y en cubos
- ½ taza de mayonesa
- 2 cucharadas de salsa BBQ
- 1 cucharadita de mostaza
- 2 cucharadas de cebolla morada picada
- Sal y pimienta al gusto

Instrucciones:

1. Mezcla la mayonesa, salsa BBQ, mostaza, sal y pimienta.
2. Añade las papas y la cebolla picada.
3. Refrigera 30 minutos antes de servir.

Pollo marinado en especias BBQ

Ingredientes:

- 4 muslos o pechugas de pollo
- 1 cucharada de paprika
- 1 cucharadita de ajo en polvo
- 1 cucharadita de comino
- ½ taza de salsa BBQ
- Sal y pimienta

Instrucciones:

1. Mezcla las especias con la salsa BBQ y un poco de aceite.
2. Marina el pollo durante al menos 1 hora.
3. Asa a fuego medio durante 6–8 minutos por lado.
4. Sirve caliente, con más salsa si lo deseas.

Costillas glaseadas con miel

Ingredientes:

- 1 kg de costillas de cerdo
- Sal, pimienta y ajo en polvo
- ½ taza de miel
- ½ taza de salsa BBQ

Instrucciones:

1. Sazona las costillas con sal, pimienta y ajo.
2. Mezcla la miel con la salsa BBQ.
3. Asa las costillas a fuego medio-bajo durante 1 hora, barnizando frecuentemente.
4. Sirve con glaseado adicional.

Albóndigas BBQ

Ingredientes:

- 500 g de carne molida (res o cerdo)
- 1 huevo
- ½ taza de pan rallado
- 2 cucharadas de cebolla picada
- Sal, pimienta, ajo en polvo
- 1 taza de salsa BBQ

Instrucciones:

1. Mezcla la carne con huevo, pan rallado, cebolla y condimentos.
2. Forma albóndigas y cocínalas al horno o sartén hasta dorar.
3. Añade salsa BBQ y cocina 10 minutos más.
4. Sirve como aperitivo o en sándwich.

Pavo a la parrilla con salsa BBQ

Ingredientes:

- 500 g de pechuga de pavo en filetes
- Sal, pimienta y paprika
- ½ taza de salsa BBQ

Instrucciones:

1. Sazona el pavo con sal, pimienta y paprika.
2. Asa durante 5–7 minutos por lado.
3. Barniza con salsa BBQ durante los últimos minutos.
4. Sirve con verduras o ensalada.

Champiñones rellenos a la parrilla

Ingredientes:

- 8 champiñones grandes (tipo portobello)
- ½ taza de queso rallado (mozzarella o cheddar)
- ¼ taza de pan rallado
- Ajo picado y perejil
- Aceite de oliva, sal y pimienta

Instrucciones:

1. Retira los tallos de los champiñones.
2. Mezcla el queso, pan rallado, ajo y perejil.
3. Rellena los champiñones, rocía con aceite y sal.
4. Asa 10–12 minutos hasta que estén dorados y el queso se derrita.

Pan de ajo a la parrilla

Ingredientes:

- 1 baguette o pan largo
- 3 cucharadas de mantequilla derretida
- 2 dientes de ajo picados
- Perejil picado

Instrucciones:

1. Corta el pan en rebanadas sin llegar al fondo.
2. Mezcla la mantequilla con ajo y perejil.
3. Unta entre cada rebanada y encima.
4. Asa envuelto en papel aluminio por 10 minutos.

Hamburguesas vegetarianas BBQ

Ingredientes:

- 1 taza de frijoles negros cocidos y machacados
- ½ taza de pan rallado
- 1 zanahoria rallada
- ¼ cebolla picada
- 1 cucharadita de comino
- Sal y pimienta
- Salsa BBQ al gusto

Instrucciones:

1. Mezcla todos los ingredientes y forma hamburguesas.
2. Asa en parrilla o sartén durante 4–5 minutos por lado.
3. Sirve en pan con lechuga, tomate y salsa BBQ.

Lomo de cerdo a la parrilla

Ingredientes:

- 1 kg de lomo de cerdo
- 2 dientes de ajo picados
- 2 cucharadas de aceite de oliva
- 1 cucharada de romero o tomillo
- Sal, pimienta y jugo de limón

Instrucciones:

1. Marina el lomo con los ingredientes durante al menos 1 hora.
2. Asa a fuego medio durante 20–25 minutos, girando cada 5 minutos.
3. Deja reposar 5 minutos antes de cortar.

Costillas de cerdo con salsa de chipotle

Ingredientes:

- 1 kg de costillas de cerdo
- Sal, pimienta y ajo en polvo
- 3 chiles chipotles en adobo
- ½ taza de salsa BBQ
- 2 cucharadas de miel

Instrucciones:

1. Asa las costillas con sal y pimienta por 1 hora a fuego medio-bajo.
2. Mezcla chipotle, BBQ y miel para la salsa.
3. Barniza las costillas durante los últimos 15 minutos.
4. Sirve con el glaseado restante.

Ensalada de maíz a la parrilla

Ingredientes:

- 4 mazorcas de maíz
- ½ taza de queso fresco desmoronado
- 1 cucharada de mayonesa
- Jugo de 1 limón
- Cilantro picado y chile en polvo

Instrucciones:

1. Asa las mazorcas hasta que estén doradas.
2. Corta los granos y mézclalos con los demás ingredientes.
3. Sirve tibia o fría.

Camarones con salsa picante BBQ

Ingredientes:

- 500 g de camarones
- ½ taza de salsa BBQ
- 1 cucharada de salsa picante (como Sriracha)
- Jugo de limón, sal y pimienta

Instrucciones:

1. Marina los camarones en la mezcla de salsas por 30 minutos.
2. Asa durante 2–3 minutos por lado.
3. Sirve con arroz o como brocheta.

Pimientos rellenos a la parrilla

Ingredientes:

- 4 pimientos grandes
- 1 taza de arroz cocido
- ½ taza de queso rallado
- 1/2 taza de carne molida cocida (opcional)
- Sal, pimienta y orégano

Instrucciones:

1. Corta la parte superior de los pimientos y retira las semillas.
2. Rellena con arroz, queso y carne.
3. Asa a fuego medio por 15-20 minutos.
4. Sirve caliente.

Tocino envuelto en carne a la BBQ

Ingredientes:

- 500 g de carne molida (res o cerdo)
- 8 tiras de tocino
- Sal, pimienta, ajo en polvo
- ½ taza de salsa BBQ

Instrucciones:

1. Forma cilindros con la carne condimentada.
2. Envuelve con tocino y asegura con palillos.
3. Asa 10–12 minutos, barniza con BBQ y dora 2 minutos más.
4. Sirve como aperitivo.

Pescado empanizado a la parrilla

Ingredientes:

- 4 filetes de pescado blanco (tilapia o similar)
- Pan rallado
- 1 huevo batido
- Sal, pimienta, ajo en polvo
- Aceite en spray

Instrucciones:

1. Sazona el pescado, pásalo por huevo y luego por pan rallado.
2. Rocía con aceite y asa en parrilla sobre papel aluminio durante 5–7 minutos por lado.
3. Sirve con ensalada o limón.

Pollo al limón a la parrilla

Ingredientes:

- 4 piezas de pollo (muslos o pechugas)
- Jugo de 2 limones
- 2 cucharadas de aceite de oliva
- Ajo picado, sal, pimienta y tomillo

Instrucciones:

1. Marina el pollo por al menos 1 hora.
2. Asa de 6 a 8 minutos por lado a fuego medio.
3. Sirve con limón fresco y ensalada.

Costillas de cerdo con salsa barbacoa casera

Ingredientes:

- 1 kg de costillas de cerdo
- Sal, pimienta y ajo en polvo

Para la salsa:

- ½ taza de kétchup
- 2 cucharadas de miel
- 1 cucharada de vinagre
- 1 cucharadita de mostaza
- 1 cucharada de azúcar moreno
- Ajo y cebolla en polvo

Instrucciones:

1. Mezcla todos los ingredientes de la salsa y calienta a fuego medio.
2. Asa las costillas sazonadas durante 1 hora a fuego bajo.
3. Pincela con la salsa en los últimos 15 minutos.
4. Sirve con salsa adicional.

Salchichas con cebolla caramelizada a la parrilla

Ingredientes:

- 4 salchichas grandes (tipo bratwurst o italianas)
- 2 cebollas grandes en rodajas
- 1 cucharada de mantequilla
- 1 cucharada de azúcar moreno
- 1 cucharada de vinagre balsámico
- Pan tipo baguette o hot dog (opcional)

Instrucciones:

1. Asa las salchichas a fuego medio durante 10–12 minutos, girando ocasionalmente.
2. En una sartén, derrite la mantequilla, añade las cebollas, el azúcar y el vinagre. Cocina a fuego lento hasta que se caramelicen (15–20 minutos).
3. Sirve las salchichas con la cebolla por encima, solas o en pan.

Brochetas mixtas de carne y verduras

Ingredientes:

- 300 g de carne (res, pollo o cerdo), cortada en cubos
- 1 pimiento rojo
- 1 pimiento verde
- 1 cebolla morada
- Champiñones enteros
- Aceite de oliva, sal, pimienta y ajo en polvo

Instrucciones:

1. Ensarta carne y verduras en palillos para brocheta.
2. Unta con aceite y condimenta.
3. Asa de 10–12 minutos, girando regularmente.
4. Sirve con salsa BBQ o chimichurri.

Ensalada de frijoles BBQ

Ingredientes:

- 1 taza de frijoles negros cocidos
- 1 taza de frijoles rojos cocidos
- 1 taza de maíz
- ½ pimiento rojo picado
- ¼ cebolla morada picada
- 2 cucharadas de salsa BBQ
- Jugo de 1 limón, sal y pimienta

Instrucciones:

1. Mezcla todos los ingredientes en un bol.
2. Ajusta el sabor con más salsa BBQ o limón.
3. Refrigera antes de servir.

Costillas glaseadas con bourbon

Ingredientes:

- 1 kg de costillas de cerdo
- Sal, pimienta y ajo en polvo

Para el glaseado:

- ½ taza de salsa BBQ
- ¼ taza de bourbon
- 2 cucharadas de miel
- 1 cucharada de mostaza
- 1 diente de ajo picado

Instrucciones:

1. Asa las costillas con sal y pimienta a fuego bajo por 1 hora.
2. Mezcla y calienta los ingredientes del glaseado.
3. Barniza las costillas con el glaseado durante los últimos 20 minutos.
4. Sirve con más salsa.

Hamburguesa doble con queso y BBQ

Ingredientes:

- 2 hamburguesas de carne molida por porción
- 2 rebanadas de queso cheddar
- Pan de hamburguesa
- Lechuga, tomate, cebolla
- Salsa BBQ al gusto

Instrucciones:

1. Asa las hamburguesas por separado hasta que estén cocidas.
2. Coloca el queso sobre cada una al final para que se derrita.
3. Arma la hamburguesa doble con vegetales y salsa BBQ.
4. Sirve caliente.

Pechuga de pollo rellena a la parrilla

Ingredientes:

- 2 pechugas de pollo grandes
- 4 rebanadas de jamón
- 4 rebanadas de queso (tipo suizo o mozzarella)
- Sal, pimienta y ajo en polvo
- Palillos de dientes

Instrucciones:

1. Abre las pechugas en forma de libro.
2. Rellena con jamón y queso, cierra y sujeta con palillos.
3. Asa 7–10 minutos por lado, hasta que estén bien cocidas.
4. Sirve con salsa BBQ o mostaza dulce.

Mazorcas de maíz con mantequilla BBQ

Ingredientes:

- 4 mazorcas de maíz
- 2 cucharadas de mantequilla derretida
- 2 cucharadas de salsa BBQ
- Sal y pimienta

Instrucciones:

1. Mezcla la mantequilla con la salsa BBQ.
2. Asa las mazorcas a fuego medio durante 10–12 minutos, girándolas para que se cocinen parejo.
3. Barniza con la mezcla de mantequilla y sirve caliente.

Chuletas de cerdo a la parrilla con romero

Ingredientes:

- 4 chuletas de cerdo
- 2 cucharadas de aceite de oliva
- 2 dientes de ajo picados
- 1 cucharada de romero fresco picado
- Sal, pimienta y jugo de limón al gusto

Instrucciones:

1. Marina las chuletas con aceite, ajo, romero, sal, pimienta y limón por al menos 30 minutos.
2. Asa a fuego medio durante 5–6 minutos por lado o hasta que estén bien cocidas.
3. Deja reposar unos minutos antes de servir.

Alitas de pollo estilo búfalo BBQ

Ingredientes:

- 1 kg de alitas de pollo
- Sal, pimienta, ajo en polvo

Para la salsa:

- ¼ taza de salsa picante tipo búfalo
- ¼ taza de salsa BBQ
- 2 cucharadas de mantequilla derretida

Instrucciones:

1. Asa las alitas sazonadas durante 25–30 minutos, girándolas ocasionalmente.
2. Mezcla los ingredientes de la salsa y calienta a fuego bajo.
3. Baña las alitas en la salsa caliente o sírvela aparte.

Camarones con salsa de mango BBQ

Ingredientes:

- 500 g de camarones limpios
- ½ taza de puré de mango maduro
- ¼ taza de salsa BBQ
- 1 cucharada de jugo de limón
- Sal, pimienta y chile en polvo (opcional)

Instrucciones:

1. Mezcla el mango, salsa BBQ, limón y condimentos.
2. Marina los camarones 30 minutos.
3. Asa 2–3 minutos por lado.
4. Sirve con arroz o ensartados en brochetas.

Ensalada fresca de tomate y maíz a la parrilla

Ingredientes:

- 2 mazorcas de maíz
- 2 tomates grandes en cubos
- ¼ cebolla morada picada
- 2 cucharadas de aceite de oliva
- Jugo de 1 limón
- Sal, pimienta y hojas de albahaca fresca

Instrucciones:

1. Asa las mazorcas hasta que estén doradas y desgránalas.
2. Mezcla el maíz con el tomate, cebolla y albahaca.
3. Agrega el aceite, limón, sal y pimienta al gusto.
4. Sirve fría o a temperatura ambiente.

www.ingramcontent.com/pod-product-compliance
Lightning Source LLC
LaVergne TN
LVHW081328060526
838201LV00055B/2512